# L'ART
## DE CULTIVER
# LES POMMIERS, LES POIRIERS
### ET
## DE FAIRE DU CIDRE

Selon l'usage de la Normandie

Par M. le Marquis de CHAMBRAY

---

RÉIMPRIMÉ D'APRÈS L'ÉDITION DE 1765

ROUEN

IMPRIMERIE DE ESPÉRANCE CAGNIARD

Rues Jeanne-Darc, 88, et des Basnage, 5

1890

# L'ART DE CULTIVER LES POMMIERS

## LES POIRIERS

ET DE FAIRE DU CIDRE SELON L'USAGE DE LA NORMANDIE

*Extrait du Bulletin de la Société centrale d'Horticulture*

(3ᵉ CAHIER DE 1889)

# L'ART

DE CULTIVER

# LES POMMIERS, LES POIRIERS

ET

## DE FAIRE DU CIDRE

Selon l'usage de la Normandie

Par M. le Marquis de CHAMBRAY

*A PARIS*

Chez GANEAU, rue Saint-Séverin, près l'église

Aux Armes de Dombes et à Saint-Louis

—

M. DCC. LXV

AVEC PERMISSION

N compte de nos jours un assez grand nombre de savants et de praticiens qui ont écrit sur la culture du pommier et la fabrication du cidre, et la nomenclature des ouvrages qui traitent de ces matières serait déjà passablement longue. Il n'en a pas été de même aux siècles passés : les traités consacrés spécialement à ces questions sont très rares.

Le plus ancien que nous connaissions est dû au célèbre médecin normand, Julien le Paulmier, qui l'a publié en 1588, sous ce titre : *Juliani Palmarii de vino et pomaceo libri duo ;* Paris, G. Auvray, 1588. Un de ses disciples, le médecin Jacques de Cahaignes, en donna immédiatement une traduction intitulée : *Traité du vin et du cidre*, 1589. Ce traité, devenu assez rare, mériterait assurément les honneurs d'une réimpression.

L'ouvrage que nous reproduisons est moins célèbre; il est cependant d'un grand intérêt. C'est un petit traité in-12 de 66 pages, publié sous ce titre :

# L'ART

### DE CULTIVER
### LES POMMIERS,
### LES POIRIERS
### ET DE FAIRE DU CIDRE

*Selon l'usage de la Normandie,*

par M. le Marquis de Chambray.

### A PARIS

Chez Ganeau, rue Saint-Séverin, près l'Eglise,
Aux armes de Dombes et à Saint-Louis.

### M. DCC. LXV

AVEC PERMISSION

D'après le *Manuel du Bibliographe normand* d'Ed. Frère, il a été réimprimé plus tard sous les titres suivants : *L'art de faire les bons cidres, avec la manière de cultiver les pommiers et poiriers selon l'usage de Normandie;* Paris, 1781 et 1782, in-12, — *Ditto. Précédé de l'Essai sur les principes de la Greffe, par Cabanis;* Paris, Marchant, 1803, in-12. — On affirme, mais nous n'avons pu vérifier le fait, qu'il a été traduit en anglais.

Ces diverses éditions attestent l'estime dans laquelle on a tenu l'ouvrage, et ceux qui voudront lire le livre n'en seront nullement étonnés : il est simple, méthodique et clair.

La famille de Chambray, qui existe encore aujourd'hui, appartient à la vieille noblesse de Normandie. Amaury de Chambray accompagna Robert Courte-Heuse à la première croisade. Ses descendants, dont ce n'est pas ici le lieu de retracer l'histoire, tiennent un rang des plus honorables dans nos annales militaires. L'un d'eux, Jacques-François de Chambray, mort en 1766, appartint à l'ordre de Malte ; il est connu sous le nom de bailli de Chambray ; ce fut l'un des plus grands hommes de mer de son temps.

Son neveu, Louis de Chambray, est l'auteur du petit traité que nous réimprimons. Né le 16 juin 1713, mort le 7 mai 1783, il paraît s'être occupé surtout d'histoire et d'économie rurale. Il a, en effet, publié, en 1739, un *Mémoire sur la translation de l'abbaye d'Almenèches dans la ville d'Argentan*, et, en 1774, un opuscule intitulé : *Sur les prérogatives des aînés en Normandie, et sur la manière dont les puînés tenaient d'eux leurs fiefs pendant six degrés de consanguinité.*

Le domaine de Chambray est situé dans la paroisse de Gouville qui faisait partie du diocèse d'Evreux, de la vicomté et élection de Conches, du parlement et de la généralité de Rouen. Gouville est maintenant une des communes du canton de Damville (Eure). C'est là que le marquis de Chambray se plaisait à cultiver les meilleures variétés de fruits de pressoir. Ainsi que notre Société le fait depuis plusieurs années, il s'efforçait de les propager, dans le but, disait-il, « d'être utile au progrès de l'agriculture ».

Il nous a paru intéressant de reproduire ce petit ouvrage, en suivant exactement l'édition de 1765. On sera curieux de connaître les procédés qu'employaient nos pères et l'on reconnaîtra que nous y avons apporté peu de changement. Quelques pratiques pourront paraître aujourd'hui contestables : nous avons jugé inutile de les signaler dans des notes. Nous nous en rapportons, à cet égard, à la sagacité de nos lecteurs experts en pareille matière.

A. HÉRON.

# L'ART DE CULTIVER LES POMMIERS
## LES POIRIERS

ET DE FAIRE DES CIDRES SELON L'USAGE DE LA NORMANDIE

Par M. le Marquis de CHAMBRAY

---

## *PREFACE*

On ne doit pas s'attendre à trouver dans cet Ouvrage, l'élégance et les grâces d'un beau stile. La matiere que j'ai choisie n'en est gueres susceptible. Le coloris des fleurs que le pommier nous offre, se répand difficilement sur un discours qui en traite, et les échos de la campagne ne peuvent répéter que des sons champêtres. C'est pour les Agricoles que j'écris, j'espere qu'ils voudront bien se contenter d'un détail exact, d'une expression claire, de la vérité de mes préceptes, et de la certitude de mes expériences. J'ai tâché de réunir ces qualités si nécessaires à un ouvrage purement didactique. Je ne présente ici que le résultat des réflexions, et des épreuves journalieres que j'ai faites; jaloux d'être utile aux Cultivateurs, j'ai souvent épié la Nature, je l'ai surprise quelquefois dans ses opérations ; heureux si mon travail peut contribuer au bonheur de mes semblables, l'humanité connoît-elle un plaisir plus doux et plus touchant ?

## INTRODUCTION

Le Cidre est une boisson assez nouvelle pour la France. Son usage a passé d'Afrique en Espagne, et d'Espagne en Normandie. Les habitans de cette province, qui ne trouvoient pas le climat et le sol de leur pays propres à la culture des vignes, n'en avoient que pour se procurer une boisson nécessaire, mais peu agréable ; beaucoup de cantons en étoient privés totalement, par la froideur et l'humidité des terres ; les peuples qui les habitoient, étoient réduits à l'usage de la biere ou à celui de l'eau. La fréquentation des Normands avec les Biscayens par le commerce maritime, leur fit connoître l'utilité du cidre ; ils planterent des pommiers, apporterent de Biscaye, des greffes de ces fruits à cidre, et les premieres pommes qu'ils recueillirent, furent appellées pommes de *Biscait ;* nom que les pommes conservent encore. Bientôt les pommiers se multiplierent, et l'usage du cidre devint général. Alors on abandonna les vignes Normandes : il n'est resté aux différents terreins sur lesquels elles étoient plantées, que le nom que le plant leur avoit donné, *le clos de la vigne.* Il y a à-peu-près trois siecles que les vignes ont été détruites en Normandie, et que les pommiers ont pris leur place. Les Bretons, les Anglois ont suivi l'exemple des Normands, et par la culture des pommiers se sont procuré une boisson aussi agréable qu'utile : on commence même dans différentes Provinces de la France, et surtout en Picardie, à cultiver cet arbre avec succès, et à préparer des cidres qui ne sont pas sans mérite ; mais souvent aussi ces cidres manquent de qualité, et c'est moins à celle du sol qu'il faut s'en prendre qu'au défaut de choix dans les especes de pommes, et au peu d'intelligence de ceux qui préparent cette boisson. C'est pour remédier à ce double inconvénient qu'on se détermine à rendre public ce petit ouvrage.

## CHAPITRE I

### DE LA PEPINIERE

Il y a des cantons dans la Normandie, comme le pays de Bray, celui de Caux, et plusieurs autres, où les habitans se font un revenu considérable des pepins qu'ils sement et qu'ils vendent au bout de deux ans. Ils ont alors deux pieds de haut. Si on peut se procurer de ce plant, c'est le moyen le plus prompt et le plus facile pour établir une pepiniere. Si on ne le peut pas, il faut, dans le tems que les pommes sont pilées, faire ramasser dans leur marc des pepins de pommes à cidre, ceux des pommes à couteau ne produiroient pas le même effet. On préparera dans son jardin un terrein bien meuble, on y semera le pepin dans le mois de Février ; on aura soin de le bien sarcler pendant les deux années qu'il restera dans la terre, de crainte que les mauvaises herbes ne nuisent à son accroissement. Au bout de deux ans, on le levera pour en former la pepiniere.

Il faut choisir pour la pepiniere un terrein neuf, s'il est possible, ou tout autre terrein qui soit en bon état de culture, dont le fond ne soit point argilleux. On le défoncera de dix-huit pouces de profondeur ; et s'il y a du gazon sur la superficie, on le précipitera dans le fond de la tranchée : quand le terrein sera suffisamment labouré et dressé à la bêche, et non à la charrue, ou si la terre etoit trop dure pour se servir de la bêche, au pic et à la pelle, on placera le plant au cordeau, chaque sujet à neuf pouces de distance. Les rangs seront éloignés les uns des autres de deux pieds et demi. Quand on plante plus serré la pepiniere n'en vient pas mieux. Cette plantation se fera dans le cours de l'hiver ; après quoi on couvrira toute la pepiniere de vieux chaume, ou de feuilles qu'on ramassera dans les bois ; cette couverture tiendra les racines fraîches, la terre meuble, et empêchera les mauvaises herbes de pousser. Si on couvre suffisamment la pepiniere, elle n'aura besoin d'aucune culture ; si elle n'est pas assez couverte, les mauvaises herbes paroîtront au bout de quelque tems. Alors avec la houe plate, il faudra gratter la superficie de la pepiniere pour détruire les herbes ; ces herbes détruites et séchées par le soleil, augmenteront l'ancienne couverture de chaume ou des feuilles qui auront été mises d'abord sur la pepiniere. Au bout de deux ans on coupera toute la pepiniere par le pied, les nouveaux jets qu'elle donnera surpasseront bientôt les anciens. S'il en pousse plusieurs à chaque pied, on les arrachera, pour ne laisser que celui qui sera de la plus belle espérance. On ne coupera rien à ces nouveaux jets pendant deux ans : il suffira d'arracher les rejettons qui paroîtront à leurs pieds, et d'entretenir la pepiniere bien nette sans y souffrir d'herbes. Au bout de deux ans, la pepiniere en ayant quatre de plantation, on commencera à couper les branches gourmandes de chaque sujet, observant de ne pas dégarnir le pied et le corps de l'arbre des petites branches, parce qu'elles empêchent la seve de se porter avec trop de vivacité vers le haut de l'arbre, ce qui le fait grossir du pied et croître en forme de cierge : c'est la perfection d'un arbre de pepiniere.

A la cinquieme et sixieme année, on arrêtera tous les arbres qui seront bons à lever l'année suivante ; cette opération consiste à leur couper la tête environ à six ou sept pieds de hauteur, selon la disposition naturelle de l'arbre. Il se formera ensuite une tête à l'arbre, dont les branches auront cinq à six pouces de longueur ; et l'année d'après on commencera à lever les sujets qui auront le plus de force, les autres en viendront mieux. Il y a beaucoup de cantons dans la Normandie, où l'usage est de greffer les arbres dans la pepiniere ; cela ne seroit pas convenable pour ces sujets vigoureux qu'on leve dès la sixieme année, et qui sont l'élite de la pepiniere ; mais lorsque ces plantes hâtives sont enlevées, et placées dans les champs, on peut avec succès greffer les sujets qui sont par leur grosseur en état de supporter la greffe. L'avantage qu'on en retire est, que si la greffe manque, l'arbre fait une nouvelle tête dans la pepiniere avec plus de facilité que dans les champs ; et que lorsqu'on ne plante dans les champs que des arbres dont la greffe est bien reprise et bien recouverte, on jouit plus promptement du fruit de sa plantation : on n'est pas exposé à tous les accidens qui arrivent aux greffes qu'on met dans les champs, sur des arbres qui y ont été plantés sans greffer ; le vent, les oiseaux les cassent, elles meurent parce que la séve de l'année n'est pas toujours bonne ; elles essuyent mille autres accidents, qui mettent le propriétaire dans le cas d'arracher de jeunes arbres pour y en substituer d'autres, de façon que dans une plantation de pommiers, il s'en trouve souvent un tiers qui a été changé d'année en année, d'où il arrive qu'il y en a qui prennent de l'âge et de l'accroissement, tandis que les autres sont à leur premiere ou à leur seconde année de plantation. Cela ne fait jamais un bon effet ; car les premiers plantés qui, n'ayant point eu d'accident, ont poussé avec vivacité, étendu leurs branches et leurs racines, se sont, pour ainsi dire, emparés du terrain, et les derniers arrivés ont bien de la peine a se frayer une place. On évite ces inconveniens, en formant un plant de sujets dont la greffe est bien assurée dans la pepiniere.

 Les arbres qui sont dans la pepiniere, ou qu'on a transportés dans les champs sans greffer, portent souvent du fruit avant que d'être greffés. Si ce fruit est gros, doux, ou amer-doux, qu'il ait du jus, une chair blanche ou jaune, qu'il ne soit point aigre, on conservera l'arbre sans le greffer, ce sera une nouvelle espece de pommes à cidre : elles ne se sont multipliées à l'infini que de cette maniere ; comme les œuillets de graine donnent des fleurs nouvelles qui sont les plus estimées des curieux. C'est pourquoi on a dit qu'il ne falloit semer que des pepins de bonnes pommes à cidre ; ceux des pommes de rainette ou d'autres pommes à couteau, ne produiroient que des fruits aigres peu propres pour le cidre, au lieu que les arbres qui proviennent d'un pepin de pomme à cidre, donnent souvent un fruit d'excellente qualité.

On finira ce chapitre par avertir qu'il faut que la pepiniere soit bien clause, pour la garantir des bestiaux, et par exhorter le cultivateur à la tenir couverte de feuilles le plus qu'il lui sera possible ; rien n'est si analogue à un arbre que les feuilles d'un arbre quelconque. Ce petit soin n'est pas dispendieux ; des femmes ramassent au rateau, sous des futayes ou des taillis, des feuilles lorsqu'elles sont tombées, et les portent sur la pepiniere quand elle est finie.

## CHAPITRE II

#### MANIERE DE FORMER LES PLANTS, LORSQUE LES ARBRES SONT BONS A LEVER DANS LA PEPINIERE

Les terrains qui n'ont qu'une légere superficie de terre friable, dont le fond n'est qu'une argile dure, ne conviennent point aux plants de pommiers. Les racines des arbres ne peuvent s'insinuer dans cette terre trop dense ; on a beau faire des trous larges et profonds, les remplir de terre meuble, de gazons, l'arbre croît et paroît beau pendant quelques années ; mais lorsque les racines ont atteint la terre argilleuse, il ne croît plus ; il se couvre de mousse et il meurt peu-à-peu sans donner de fruit. Il en est de même des terres qui n'ont sous la superficie friable, que de la craie, du tuf blanc : mais dans toutes les terres fortes et grasses qui ont du fond, dans tous les graviers qu'on nomme creux, parce qu'ils sont faciles à remuer à deux et trois pieds de profondeur ; dans toutes les terres mêlées de petits grès plats et cassants, les pommiers viennent à merveille. La terre rouge et humide convient mieux aux poiriers qu'aux pommiers ; il faut toujours en avoir un tiers sur sa terre, pour fournir aux Domestiques et aux Journaliers, de la boisson lorsque les pommes manquent. Rarement les pommiers rapportent du fruit trois ans de suite ; quand les pommes manquent, les poires sont ordinairement abondantes.

Il y a beaucoup de personnes qui plantent des ceintures de pommiers et de poiriers autour de leurs terres labourables ; cet usage a un grand inconvénient. Lorsque les charretiers labourent, ils ne rencontrent, pour l'ordinaire, que trois arbres à chaque bout du champ dans leur journée ; le propriétaire ne peut leur donner du monde pour aider à passer ces arbres, et renverser la charrue, à leur approche, les hommes destinés à cette emploi n'auroient pas une occupation suffisante ; les arbres au bout des champs sont donc écorchés à tous les labours, et finissent par périr. C'est pourquoi il est bien plus convenable de choisir les terres graveleuses qu'on possède, pour y former des plants, dans toute leur étendue ; parce que les jours qu'on y laboure, on fait accompagner le charretier par une ou deux personnes, qui renversent la charrue à l'approche de l'arbre et qui la remettent à sa place quand l'arbre est passé. Le charretier laboure de suite toutes les rangées d'arbres, après quoi il renvoie les hommes qui l'ont aidé, et travaille seul dans l'intérieur des rangées.

Dans bien des pays il se trouve plus de terres légères que de terres fortes ; il n'est pas à propos de couvrir celles-ci d'arbres fruitiers, qui, en ombrageant le bled l'empêchent d'être aussi ferme dans sa paille, aussi nourri dans son grain. On convient que l'avoine vient pour le moins aussi belle sous les pommiers qu'en plein champ. Mais le bled n'a pas le même avantage ; et c'est ce qui doit fixer l'attention du cultivateur. Il faut donc, dans les cantons ou la bonne terre est rare, ne planter que les terres légeres ; les arbres en les ombrageant un peu, défendront le grain des ardeurs du soleil, il n'en sera que meilleur ; au lieu que dans les terres fortes, le grain ne veut pas être ombragé ; souvent il verse sous les pommiers.

On ne peut dire précisement quelle espece de terrein donnera le meilleur cidre ; l'expérience seule peut instruire à cet égard : les fonds les plus gras de la Normandie, le Cotentin où est Isigny, le pays d'Auge, donnent des cidres excellents. Les enclos de la Commanderie de Saint-Vaubours près de Rouen, où le terrein est fort mauvais, produisent un cidre admirable qui a un bouquet unique. Pressigny dans le Vexin Normand, Chambray sur la riviere d'Iton si renommés pour l'agrément de leurs cidres, n'ont qu'un terrein léger et pierreux. Ainsi ce n'est que par l'expérience qu'on connoîtra la valeur du sol. Mais il faut toujours s'attacher aux especes de pommes les plus renommées, car elles contribuent beaucoup à la bonté du cidre.

Lorsqu'on aura destiné un terrein pour y mettre des pommiers, au commencement de l'automne, on fera des trous carrés de quatre pieds d'ouverture en tous sens, et de deux pieds de profondeur. L'ouvrier fera trois lots de la terre qu'il en tirera : le premier, de la superficie qui est ameublie par la culture, ou par les engrais naturels, comme feuilles et gazon, si ce n'est pas en champ labouré qu'on travaille : le second, de la terre qui se trouve au-dessous de celle qui a été cultivée : le troisieme, des pierres qui sortiront de chaque trou. Les trous seront placés au champ labouré à trente-six pieds de distance sur tous sens ; par ce moyen les plants ne couvriront pas trop la terre, les racines trouveront à s'étendre sans se rencontrer, auront une substance suffisante, l'arbre viendra promptement, aura une écorce vive et claire, et rapportera beaucoup de fruit. Il y a encore d'autres avantages à éloigner ainsi les plants, les terres sont moins ombragées, les grains y viennent mieux, les charretiers qui trouvent une distance de trente-six pieds d'un arbre à l'autre, peuvent faire rentrer leurs chevaux dans la direction de la ligne qu'ils tenoient pour tracer leur sillon, et qu'ils n'ont quittée que pour éviter le pied de l'arbre et ne pas toucher à son tronc, de façon que presque tout le terrein se trouvant labouré par la charrue, il ne reste à cultiver à la houe que la terre du pied de l'arbre, que la charrue a laissée sans culture en forme de navette, dont chaque pointe est tournée vers l'arbre précédent et le suivant. Si la charrue ne pouvoit reprendre ainsi la direction de son sillon, après avoir tourné sur chaque côté des arbres, on seroit obligé de laisser à chaque rangée d'arbres une planche de terre sans la labourer ; ce qui donneroit un ouvrage immense pour mettre une si vaste étendue de terrein en labour avec la houe fourchue ; on ne peut donc trop recommander de mettre une distance suffisante d'un arbre à un autre ; quoique bien des propriétaires n'ayent pas cette attention. Il est vrai que les plants que l'on met dans les cours ou autres terrains qui ne se cultivent pas à la charrue, ne doivent pas être si éloignés ; quinze pieds de distance d'un arbre à l'autre suffiront. Lorsque les trous sont faits et disposés, ainsi qu'on vient de le marquer, on arrache dans la pepiniere, les arbres qui sont en bon état, et dont les tailles des années précédentes sont bien recouvertes, en observant de leur laisser le plus de racines et de chevelu qu'il est possible ; on les taille en bec de flûte, l'entaille par-dessous ; on rafraîchit les branches de la tête de l'arbre, si elles ont trop poussé dans la pepiniere depuis que l'arbre a été arrêté ; ensuite on jette dans le trou la premiere terre qui en a été ôtée ; on fait encore tomber dedans, la terre la plus meuble qui se trouve aux environs ; on la range horisontalement avec la fourche ou la bêche ; on pose l'arbre dessus, un homme le tient droit, un autre couvre les racines de la meilleure terre qu'il peut trouver à sa proximité ; quand elles sont couvertes, on secoue un peu l'arbre en ligne perpendiculaire, pour que la terre mouvante qu'on vient de jetter sur les racines, s'insinue par-tout. Après quoi on recouvre en totalité le pied de l'arbre de la terre qui l'environne ; on la butte en forme de navette, si c'est dans les champs labourés ; et si c'est ailleurs, en forme de bassin qui doit avoir comme la premiere ouverture quatre pieds de diametre ; ce bassin sera rond, l'arbre doit être dans le centre du cercle ; les bords auront un pied d'élevation sur le niveau du terrein, le bassin ira toujours en baissant vers le pied de l'arbre, afin qu'il puisse recevoir les eaux du ciel qui doivent humecter les racines. S'il reste après cela des pierres sur les bords des trous, on les fait porter dans les chemins les plus proches pour les réparer. C'est un très-bon usage de jetter au fond des trous, avant que d'y mettre aucune terre, des joncs marins, des genêts, bruyeres, gazons chevelus, ou autres brossailles quand on peut en avoir, cela tient la terre creuse et meuble, les racines s'en trouvent très-bien ; mais généralement il faut planter sur la superficie de la terre, c'est-à-dire, le moins profondément qu'il est possible ; les arbres qui sont encaissés trop avant, languissent presque toujours et ont beaucoup de mousse ; leurs racines ne pouvant percer le fond, et les parties latérales des trous, sont contraintes de remonter pour s'étendre sur la superficie de la terre, cela arrête totalement le progrès de l'arbre. Il est vrai que les arbres plantés trop à fleur de terre, sont plus facilement renversés par les vents ; mais il vaut mieux perdre quelques pommiers par cet accident, que de voir languir toutes les plantations.

Dès la première année, la tête des pommiers nouveaux plantés pousse de petites branches et des feuilles ; au bout de trois ans elle est assez considérable, pour qu'on puisse commencer à greffer les sujets qui marquent assez de vigueur pour recevoir la greffe. Cette vigueur dépend de la façon dont les racines ont travaillé. Il y a toujours des arbres qui sont plus lents à pousser en racines ; alors la tête étant moins garnie, on diffère à les greffer. Si on greffoit avant que l'arbre eût bien poussé en racines, la greffe seroit languissante, ou mourroit ; mais lorsque l'arbre affectione le terrain, qu'on voit qu'il pousse une tête bien garnie de branches, que l'écorce en est vive et transparente, il est tems de poser la greffe. Il faut greffer quand le champ est ensemencé en bled, parce que dans cette année et la suivante, qu'il produit des avoines, les moutons approchent plus rarement des arbres ; car il faut observer que leur odeur nuit à la seve. Quand les arbres sont greffés ils ne reçoivent de culture que par les labours. Le cultivateur fait remuer la terre de leur pied avec la houe fourchue à toutes les saisons de bled, mars, et gueret, et jetter de la semence au pied, quand les champs sont ensemencés. Les pommiers se plaisent beaucoup plus dans les terres labourables que dans les enclos : 1° Parce qu'en ouvrant la terre qui couvre leurs racines, elles reçoivent le bénéfice des influences de l'air. 2° Parce qu'en répendant des fumiers dans les champs, on augmente leur vigueur. Cependant dans les cours des maitairies, où il y a un grand concours de bestiaux qui repondent des engrais, les arbres viennent très-bien et rapportent beaucoup, parce qu'ils sont ordinairement à l'abri des vents par quelques murs ou bâtiments, ce qui conserve les fleurs. Mais dans les pâtures éloignées des maisons, si elles n'ont pas un bon fonds, si les arbres ne sont pas cultivés tous les ans, en les bêchant au pied, en grattant la mousse, en dégarnissant les branches de leur superflu, ils languissent et rapportent peu. En général on connoît que l'arbre se plaît dans un terrain, lorsque l'écorce en est vive et claire, qu'il y a peu de mousse autour des branches ; et dans tous les pays qui produisent des pommiers de cette nature, on peut y établir des plants à cidres avec une sorte de confiance ; au-reste, il n'y a que l'expérience qui apprenne si le cidre aura de la qualité. J'ai vû de très-beaux pommiers dans les montagnes de Savoie; j'ai envoyé au Marquis d'Oncieu d'excellentes greffes de Normandie qui ont bien réussi; il y a lieu de croire que le cidre qui en proviendra sera bon, et je suis persuadé, que beaucoup de pays pourroient se procurer l'usage du cidre, si les cultivateurs vouloient en tenter l'établissement.

## CHAPITRE III

### DE LA GREFFE

Lorsque les pommiers sont en état de recevoir la greffe, on en prend dans les sommités des branches des pousses de l'année ; si on n'a pas chez soi de bonnes especes, on en fait venir de Normandie, en s'adressant à quelqu'un capable de faire un bon assortiment, bien varié ; les greffes peuvent être cueillies deux mois avant que de les employer; on les envoie dans de la mousse fraîche ; on les met en terre dans un coin du jardin quand on les a reçûes, et on en fait usage quand le tems y est propre ; celui qui les envoie à soin de mettre une étiquette à chaque espece différente. A la fin d'Avril, et même un peu plutôt pour les especes précoces, on commence à greffer par un tems doux et sans pluie. On taille les greffes de la longueur de six à sept pouces ; il importe peu que l'œuilleton de la greffe soit coupé, puisque d'une seule pousse de l'année, on en fait souvent deux greffes. On forme au bout de chaque greffe, un espece de coin d'un pouce de long en applatissant les deux côtés sans toucher à la moëlle de la greffe, excepté dans l'extrémité de la taille où elle se trouve découverte ; on coupe la tête de l'arbre avec la scie, à cinq pieds et demi ou six pieds de terre ; on pare avec la serpette la partie qui a été sciée, on fend l'arbre en deux autant qu'il est nécessaire pour y introduire la greffe ; on le tient entr'ouvert avec un coin de bois ; on pose deux greffes sur chaque côté de la fente de cet arbre ; on fait rencontrer exactement de chaque côté, l'écorce de la greffe et celle de l'arbre. On retire le coin, l'arbre serre aussitôt les greffes. Alors on environne cette tête d'arbre ainsi greffée, avec une bande de papier ; on fait une poupée avec de la filasse tirée en long, et garnie de terre franche réduite en mortier ; on passe cette filasse entre les deux greffes, pour que tout y soit plein et garni de cette espece de mortier. On la fait tourner plusieurs fois autour de la tête greffée, cela forme une poupée grosse comme le poing, au travers de laquelle sortent les deux greffes, qui paroissent de la longueur de cinq pouces au travers de la poupée ; ensuite on lie au corps de l'arbre, une petite branche seche, qui passe un peu au-dessus des deux greffes, pour empêcher les oiseaux de se reposer dessus et de les casser. On met deux greffes, parce que si l'une manque l'autre peut ne pas manquer. Il n'est pas avantageux qu'il en reste deux sur un arbre ; ces deux greffes qui ne s'unissent jamais parfaitement, laissent toujours un vuide entr'elles ; lorsqu'elles sont chargées de fruits et qu'il survient des vents, l'une des deux greffes se casse et entraine avec elle la moitié de l'arbre qui s'éclate en deux ; pour parer à cet inconvénient, lorsque les deux greffes ont bien poussé, on choisit la plus belle, et d'un coup de maillet, on fait sauter l'autre avec un ciseau de menuisier ; on met sur cette coupure, de la terre franche délayée ; et la greffe qui reste, ne tarde pas à s'emparer de la totalité de l'arbre, le tout se recouvre et s'unit en peu de tems. Bien des gens ne prennent pas tous ces soins, aussi ont ils des arbres de mauvaise mine, tortus, trainants jusqu'à terre, plantés sans aucune simétrie ; il n'en coûte pas davantage de donner de la grâce aux choses utiles. Lorsque les branches de la greffe en croîssant tombent trop bas vers la terre, il faut avoir soin de les couper et de les diriger de façon qu'elles puissent laisser un libre passage aux chevaux de harnois, pour la culture des terres labourables sur lesquelles les arbres sont plantés ; il est même très-convenable de ne greffer dans les terres labourables, que des especes dont le bois s'éleve, et a la forme de l'oranger, car les branches trainantes sont incommodes au Cultivateur ; l'arbre à hautes branches est plus agréable à la vue. Il y a de si bonnes especes de fruits dans ce genre, qu'il est facile d'avoir des cidres excellents en ne se servant pas des arbres dont les branches s'inclinent trop vers la terre, et qui sont toujours exposés à l'attaque des bestiaux.

Lorsque les greffes meurent, il faut donner le tems à l'arbre de faire une nouvelle tête, on la coupe ensuite comme on avoit fait la premiere fois, observant de couper jusqu'à ce qu'on trouve le bois parfaitement vif, et sans aucune impression de l'ancienne cicatrice ; si ces secondes greffes manquent encore, il faut arracher l'arbre et en planter un autre. Tout le monde sçait que le pommier en fleur et même lorsqu'il est chargé de fruits, est un très-bel arbre.

## CHAPITRE IV.

### DES DIFFÉRENTES ESPECES DE POMMES A CIDRE

On doit diviser les pommes en trois classes ; les précoces qui sont mûres au commencement d'Août ; ces fruits sont d'une grande utilité, ils procurent des cidres à ceux dont la récolte précédente a manqué ; souvent on les attend avec impatience, le cidre en est léger et agréable ; on en boit ordinairement à la foire de Guibray qui commence le 9 Août. Ces pommes sont :

 L'Ambrette.
 Le Renouvellet.
 La Bellefille.
 Le Jaunet.
 Le Blanc.

Il est convenable de les greffer dans un même canton, pour avoir plus de facilité à les cueillir, sans être obligé de parcourir tous les plants.

La deuxieme classe, que l'on cueille à la fin de Septembre et au commencement d'Octobre est :

 Le Fresquin.
 La Girouette.
 La Haute-branche.
 Le Long-bois.
 L'Avoine.
 Le Gros-adam-blanc.
 Le Doux-évêque.
 Le Rouget.
 L'Ecarlatte.
 Le Blanc-mollet.

Le Bedan.
Le Petit-manoir.
Le Saint-George.
Le Gros-amer-doux.
Le Petit amer-doux.
Marie-la-douce.

La troisieme classe est mûre à la fin d'Octobre ; les meilleures sont :

La Peau-de-vache.
L'Alouette-rousse.
L'Alouette-blanche.
La Coste.
Le Blagny.
Le Blanc-duré.
L'Adam.
Le Doux-reté.
Le Mattois.
Le Pepin.
Le Doux-veret.
Le Closente.
La Rousse.
La Reinette-douce.
Marie-honfroy.
Le Rambouillet.
Le Pied-de-Cheval.
Le Gros-coq.
L'Equiculé.
L'Epicé.
L'Ante-au-gros.
Le Bon-vallet.
Le Saint-Bazile.
Le Muscadet.

L'Amer-mousse.
Le Petit-moulin-à-vent.
La Petite-chappe.
Le Rebois.
Le Grout.
La Germaine.
La Sauge.

Il y a une infinité d'autres especes de pommes en Normandie. La même pomme a aussi très-souvent divers noms selon les divers cantons, mais il s'en forme tous les jours de nouvelles par especes doubles qui viennent dans les pepinieres, et qui sont d'une excellente qualité ; elles multiplieroient bien plus si on laissoit rapporter tous les jeunes arbres avant que de leur couper la tête ; on fait souvent de grandes injustices dans cette exécution ; on détruit des fruits admirables ; il en est des pommes comme des fleurs qu'on seme, la graine produit beaucoup de simples et peu de double. Les pommes simples sont petites, aigres, ont peu de suc, la chair verte. Les doubles sont grosses, blanches ou colorées, ont la chair jaune ou blanche, sont douces ou amer-douces, et certainement ces especes nouvelles en valent bien d'autres. Il est vrai qu'on prétend que les pommiers qui n'ont pas été greffés, rapportent plus rarement que les autres, mais j'ai l'expérience du contraire ; il y a même de ces arbres qui produisent plus souvent et plus abondamment que les autres, comme aussi il peut s'en trouver qui ne soient pas chanceux, alors on les grefferoit sur les branches : mais lorsqu'un arbre non greffé produit de bon et beau fruit et en produit souvent, il faut le conserver, puisqu'il est plus vigoureux qu'un autre, dure plus long-tems et n'est pas si sujet à être cassé par les vents.

Ceux qui ne voudront pas faire usage de cette remarque, trouveront dans les listes qu'on a données, des especes plus que suffisantes pour établir d'excellentes plantations d'arbres à cidre. Il y a un grand avantage, à greffer des trois classes de pommes ci-dessus indiquées, car il vient souvent des gelées dans le printems qui font périr les fleurs ; si ce moment arrive dans le tems que les especes précoces sont en fleur, on a lieu d'espérer que la fleuraison des deux classes suivantes sera plus heureuse ; si au contraire les gelées ou les vents-roux arrivent tard, les especes hâtives ont déjà leur fruit formé, et il n'y a que les pommes tardives qui en souffrent. Enfin on sentira de reste, qu'on doit plus compter sur des arbres qui ne fleurissent pas dans le mêmetems, que sur ceux qui fleurissent tous ensemble ; avec ceux-ci on a tout, ou rien ; avec les autres on a toujours quelque chose, et presque jamais une abondance générale, souvent à charge au propriétaire qui n'a pas assez de futailles, pour mettre tous les cidres que les arbres ont produit. Les vents-roux chassent avec eux un brouillard qui a plus l'air d'une légere fumée, que d'un brouillard ordinaire ; toutes les fleurs des arbres qui en sont frappées, sont roties dans l'instant, et se pulvérisent ensuite comme des feuilles de tabac. Les fleurs qui n'en sont pas totalement détruites, produisent une petite pomme dans laquelle il s'établit un ver, et qui tombe avant qu'elle ait pris un accroissement considérable.

Il y a des personnes, qui, pour garantir les fleurs de leurs arbres de ce vent destructeur, assemblent au couchant de leurs plants de distance en distance, de petits tas d'herbes seches, de feuilles, de bruyeres, etc., et quand ce vent qui vient toujours du couchant commence à souffler, elles mettent le feu à ces petits monceaux de matieres combustibles, la fumée qui en sort est portée par le vent vers le plant, corrompt le mauvais air, et garantit les fleurs d'une destruction certaine ; cela n'est pas bien difficile à pratiquer; car en supposant qu'on ait pas eu la précaution d'assembler des matieres combustibles au couchant des plants, il est encore tems d'y en porter lorsque le vent-roux paroît ; il faut peu de matiere pour produire beaucoup de fumée, on a bien-tôt rassemblé chez-soi de vieux foins pourris, de petites bourrées de bois, sur lesquelles on jette un peu de paille mouillée, les vents-roux disparoissent promptement, et ne durent jamais trois jours; d'ailleurs ils sont sans effet pendant la nuit, il résulte aussi de ces vents des chenilles en quantité. Lorsqu'elles se sont emparées des arbres, il n'y a d'autre secret pour s'en défaire, que d'écheniller; on se sert pour cette opération d'une espece de ciseaux qu'on enmanche à un bâton ; ils restent ouverts par le moyen d'un ressort, comme les ciseaux dont on se sert pour couper les ongles des pieds. On fait mouvoir la partie supérieure de ces ciseaux, par le moyen d'une ficelle qui y est attachée, et on coupe la branche au-dessous de l'endroit ou les chenilles sont établies : c'est toujours sur les petites branches. Si on n'a pas ces ciseaux, on peut se servir du croissant du jardinier, et brûler ensuite les branches qui seront tombées à terre avec la coque des chenilles. On peut faire sous les arbres plusieurs fumigations pour faire périr les chenilles, mais elles ne sont pas sans inconvenient. Il est plus court d'écheniller, cela n'est pas si long ; sans cette précaution, il ne reste pas une feuille aux arbres, les chenilles les dévorent et altèrent considérablement la sève.

## CHAPITRE V

### DE LA MANIERE DE CUEILLIR LES POMMES

Si les plants sont enclos de haies ou de fossés, de façon qu'on puisse les défendre de l'approche des bestiaux, la meilleure façon est de laisser meurir les pommes à l'arbre, au point que la plus grande partie tombe d'elle-même, après quoi en secouant les branches des arbres, le reste tombe sans effort. Par ce moyen l'arbre n'est point battu avec des gaules, le bourgeon qui doit produire l'année suivante n'est point détruit, les arbres rapportent plus souvent et davantage. On laisse ces pommes sous les arbres, elles y meurissent et lorsque le tout est tombé, soit naturellement, soit par les secousses qu'on a données aux branches; on pose les pommes à terre dans des bâtiments, pour les piler lorsqu'elles sont à leur vrai point de maturité. Ce qui est essentiel pour avoir de bons cidres. Il ne faut jamais transporter les pommes dans les bâtiments, lorsqu'elles sont mouillées par la pluie ou par la rosée, cela les fait noircir, pourrir, et ôte la qualité des cidres. Pour les pommes qui ont meuri sur les arbres, si elles sont à leur point juste, on peut les porter tout de suite sous la roue du pressoir. Il faut avoir soin de ne pas mêler dans les bâtiments les pommes avancées, avec les tardives, les unes seroient trop mûres et même pourries, que les autres seroient encore vertes; il n'en résulteroit qu'un jus imparfait. On a donc soin de ne porter dans chaque grenier, que les pommes qui sont de la même classe, et qui doivent être pilées dans le même-tems; quant à celles qui se trouvent dans les terres labourables, et qui sont exposées aux bestiaux, on envoie tous les matins pendant les mois de Septembre et d'Octobre, ramasser ce qui est tombé pendant le nuit. On les pile de bonne-heure pour en faire de petit cidre, car la plûpart sont verreuses; quand le fruit de ces arbres est suffisamment mur, on en fait la cueillette générale, en secouant et gaulant les branches pour faire tomber le fruit. C'est alors qu'il y a bien du bois de brisé et que l'arbre souffre; mais il est impossible de parer cet inconvénient. Les pommes ainsi cueillies, on les porte dans les bâtiments qui leur sont destinés : on peut même les mettre sur l'herbe dans un lieu fermé proche le pressoir, elles y meuriront bien, l'air ne les endomagera pas ni les pluies : il n'y auroit à craindre qu'une gelée trop forte, une pomme gelée ne donne jamais de bon cidre. On s'en garantira si on les couvre de feuilles ; la pomme se conserve parfaitement sous les feuilles. On ne doit piler les pommes que quand elles sont bien mûres, on le connoît à leur couleur jaune, à la bonne odeur qu'elles rependent quand quelques-unes commencent à pourrir. C'est-là ce qui indique leur vrai degré de maturité.

## CHAPITRE VI

### DE LA FAÇON DES CIDRES

Monsieur des Pommiers dans son livre intitulé : *L'art de s'enrichir promptement par l'agriculture*, nous dit, « que les pommes d'un doux-amer, quelques-unes un peu aigres sont les seules propres à donner de bons cidres ». Cet assortiment n'est point encore venu à la connoissance des Normands, qui n'estiment que le doux et amer-doux, et qui regardent les pommes un peu aigres, comme contraires à la bonne qualité du cidre. Monsieur des Pommiers écrit bien, a du zele. Ses essais sur les cidres sont encore nouveaux, il les perfectionnera tous les jours. Si je ne craignois pas de m'écarter de mon sujet, je lui proposerois mes objections sur la culture du sainfoin ; je prends seulement la liberté de lui représenter, que les succès qu'il a eus dans son pays pour l'établissement des sainfoins, ne seroient pas les mêmes dans la Haute-Normandie, dans le Perche, partout où les terres s'affaissent et se condensent beaucoup. Ce n'est point à la graine qu'il tient ; les Fermiers qui cultivent une de mes terres près de Falaise, qui ont des sainfoins en abondance, m'ont apporté de la graine la plus parfaite, et sont venus la semer dans la terre de Chambray que j'habite, située entre Verneuil au Perche et Nonancourt ; les labours, les fumiers, rien n'a été épargné ; le sainfoin a très-bien levé ; mais la terre s'est affaissée pendant l'été, la plante s'est trouvée enfermée comme dans une brique cuite au soleil, et est morte peu-à-peu. Bien d'autres que moi ont manqué leurs expériences dans ce canton, qui est plein de pierres à fusil et de gros gravier rouge ou gris. Il faut donc dire avec l'excellent auteur du *Mémoire sur la culture du sainfoin dans la haute Champagne*, que le plus grand secret pour avoir des sainfoins, est d'empêcher l'affaissement des terres, c'est à quoi je travaille actuellement ; je rendrai compte au public de mon procédé si je réussis. On me pardonnera cette digression en faveur de mon zele pour le bien public.

Quand on veut faire du cidre parfait, lorsque les pommes sont à leur point de maturité, à mesure qu'on les prend sur la pelle de bois pour les mettre dans la corbeille et les porter dans les auges du pressoir, une ou deux femmes, ôtent toutes les pommes noires et pourries, on les garde pour les mettre dans le repilage ; mais comme tout le monde ne veut pas faire cette petite dépense, voici l'usage ordinaire pour bien piler les fruits. Je dis *bien piler* parce que les trois quarts des Normands ont des cidres troubles et de mauvais goût, par le peu de soin qu'ils donnent à les façonner. Je ne donnerai point les dimensions d'un pressoir ; elles sont assez connues.

Le cheval qui sert au pilage, ayant suffisamment fait tourner la meule de bois ou de pierre qui sert à écraser les pommes, on les porte ainsi écrasées sur le tablier du pressoir ; elles y sont dressées en forme carrée ; on met un rang de paille entre chaque couche de pommes pilées ; les bouts de la paille excédent de quatre doits, le carré cube de pommes écrasées, qui est dressé par le conducteur des cidres, sur le tablier du pressoir. Plus on exhausse cet édifice, plus le jus coule en abondance sur le tablier, et tombe dans la cuve appelée beslon. Lorsque ce cube, qu'on appelle la motte, est à la hauteur d'environ quatre pieds, que le cidre n'en découle plus, on met dessus un carré de planches fortes, jointes ensemble, qui excède les bords de cette motte de trois pouces de toutes parts; ensuite on met de petits soliveaux de même grandeur sur ce carré de planches, et on descend par le moyen d'une vis, l'arbre à pressoir sur tout l'édifice. Son poids fait sortir le jus des pommes écrasées, il tombe dans le beslon ; alors si on n'a pas de cuves, on transporte le cidre du beslon dans des futailles bien nettes et bien reliées : mais si on a la commodité d'avoir dans son pressoir des cuves contenant 2, 4, 6, queues plus ou moins, on jette dans ces cuves tout le cidre qui sort du beslon ; il y reste trois à quatre jours sans monter, au bout desquels il fermente très-fort. Toute la lie monte comme l'aîne du vin ; quand on voit que cette croûte commence à s'abaisser, il est tems de tirer le cidre et de le porter dans les futailles. On a une grosse canelle de bois ou de cuivre au bas de la cuve, on emplit les sceaux par cette canelle, on porte le cidre dans les tonneaux qui sont préparés sur les chantiers dans la cave. Par ce moyen il ne se trouve point dans la futaille, cette affreuse quantité de lie dont les cidres des paysans sont toujours surchargés, le cidre ne s'aigrit pas si promptement, est plus clair, et a plus belle couleur. Si les cidres par la nature du terrain ne sont pas suffisamment colorés, ce qui arrive souvent, il faut laisser màquer les pommes pilées pendant quelques heures, c'est-à-dire, différer d'en faire sortir le jus après qu'elles sont pilées ; par cette méthode on donne au cidre autant de couleur qu'on le juge à propos. Quand les tonneaux sont pleins, il faut les laisser sans les bonder pendant trois semaines, pour leur donner le tems de bouillir et de jetter par le trou de la bonde, une quantité d'impuretés; le cidre ayant cessé de bouillir, on remplit les tonneaux avec d'autre cidre, et on bonde; mais il faut regarder souvent aux futailles pour leur donner de l'air s'il est besoin, car souvent le cidre fait sauter les cercles, surtout si on a bondé trop tôt. Les Parisiens ne trouvent jamais le cidre assez doux; si on veut en avoir qui conserve sa douceur très-long-tems, qui mousse bien, et qui ait une très belle couleur, il faut mettre plein un grand chaudron de fer ou de cuivre, contenant à peu-près trois sceaux de cidre sortant du beslon, le faire bouillir sans interruption depuis le matin jusqu'au soir, ensorte qu'il se reduise en syrop épais; lorsque ce syrop est à-peu-près à son degré de cuisson, on y jette une demie-livre de beau miel, on le fait encore bouillir un peu, et l'on jette le syrop par le trou de la bonde d'une pipe qui contient cinq cent pintes. On la roule sur tous sens, on entonne dedans le cidre sortant de la cuve, au bout de très-peu de tems on a du cidre très-clarifié, très-doux, piquant et agréable. Cette recette est encore meilleure pour des cidres qui n'ont pas beaucoup de qualité par eux-mêmes : elle seroit très-inutile à Isigny et en bien d'autres endroits de la Normandie. Ce syrop se garde, si on veut, dans des pots très-long-tems, il y reste en consistence de miel, et quand on veut en faire usage dans les rhumes, il faut le battre avec de l'eau chaude ; il est très-bon pour la poitrine.

Si le cidre n'éclaircissoit pas dans les tonneaux, ce qui arrive quelquefois, surtout à ceux qui ont des pommes dont le jus est gras et limoneux ; il faudroit pour une demi queue de deux cent cinquante pintes, broyer un pain de blanc d'Espagne, autrement craie de Briançon, y joindre le poids de deux liards de souphre en poudre, jetter le tout dans la futaille par la bonde, remuer le cidre avec un bâton fendu en quatre ; il sera bientôt clair fin, c'est la maniere de le coler. Au mois de Mars on met en bouteille le cidre qu'on destine pour la table des Maîtres, en observant de ne le boucher à demeure qu'au bout de quelques jours, autrement il casseroit bien des bouteilles : ce cidre mousse, pique le palais, porte au nés, monte à la tête, plaît beaucoup ; mais ce ne seroit pas une boisson convenable pour l'ordinaire, elle a trop de violence ; les Normands boivent rarement du cidre sans eau ; il faut donc voir l'usage journalier qu'on peut faire du cidre.

Pour avoir une boisson agréable et saine, il faut mettre quelques seaux d'eau dans les auges du pressoir en pilant les pommes ; on regle cela selon le degré de force qu'on veut donner au cidre, lorsqu'il est ainsi tempéré, il est très-sain, on le digere facilement ; on l'appelle la tisane des Normands. Mais ce cidre mêlé d'eau ne passe gueres l'année, il s'aigrit à la fin, au lieu que du cidre d'un bon crû, se conserve mieux et est souvent très-potable au bout de six et sept ans.

## CHAPITRE VII

### DES PETITS CIDRES

Si on buvoit le cidre pur à son ordinaire, ce seroit comme si on ne mettoit jamais d'eau dans son vin. Il n'est point de boisson plus legere et plus rafraîchissante que le petit cidre, il n'a aucun des inconvenients des gros cidres, qui souvent gonflent et nourrissent trop ; mais il faut que le petit cidre soit bien fait. Pour y parvenir, voici comment on doit procéder.

Le gros cidre étant tiré du marc des pommes pilées, on exhausse l'arbre à pressoir. On ôte de dessus la motte, les pieces de bois, et le couvercle de planches qui y étoient. On releve le marc des pommes par couches, qui sont marquées par les lits de paille qui separent chaque couche de marc. On met le marc dans une futaille défoncée par un bout, dans un coin du tablier du pressoir, et dans les auges à piler. Si on a besoin de pepin pour semer, c'est dans ce moment qu'on les met à part. On jette de l'eau sur le marc qui est dans les auges et quand il est imbibé, on attele le cheval à la meule pour le repiler. Lorsqu'il est suffisamment repilé, on le porte à pelletées sur le tablier du pressoir ; et de ce repilage, on forme une nouvelle motte, comme on a fait pour le gros cidre. C'est exactement le même procédé, pour dresser la motte, mettre l'arbre à pressoir, porter du beslon dans la cuve, ou dans la futaille, si on ne veut pas faire cuver le petit cidre, ce qui cependant le rendroit meilleur, et le débarrasseroit de la plus grande partie de sa lie. Pour sçavoir la quantité d'eau qu'il faut mettre sur le marc, la regle est d'y en mettre autant qu'on a tiré de gros cidre. C'est-là la boisson des Domestiques : si on veut qu'elle serve aux Maîtres ou qu'elle soit d'une qualité plus forte, on jette dans le repilage quelques pelletées de pommes. Mais il y a une autre façon de faire du cidre mitoyen pour les Maîtres, et c'est la plus convenable ; elle consiste à jetter 2, 3 ou 4 seaux d'eau dans chaque pilée de pommes, lorsqu'elles sont bien écrasées, et à faire ensuite tourner la meule pour que le tout s'incorpore. Plus le tour du pressoir est grand, plus il contient de boisseaux de pommes, ainsi on ne peut déterminer combien on mettra de seaux d'eau à la pilée ; le Propriétaire en jugera facilement ; il y a même des crûs qui ont moins de qualité, le jus des pommes est moins spiritueux, dans ce cas-là il faudroit moins d'eau. Chacun doit connoître la valeur des choses dont il fait usage ; le cidre mitoyen se façonne comme le gros cidre ; il ne diffère que par l'eau qu'on y met, pour rendre cette boisson plus convenable à la santé ; les enfans qui en boivent sont frais comme des roses ; elle nourrit et raffraîchit.

## CHAPITRE VIII

### DES POIRIERS, DES POIRES, ET DU POIRÉ

Le poirier se cultive de la même maniere que le pommier ; les cidres de poires se font de même que ceux des pommes, mais le poirier veut une terre plus forte et plus humide que le pommier. Il faut essayer son terrein pour connoître celui qui lui convient le mieux, si on plante ailleurs qu'en Normandie, où ces choses sont connues de tout le monde. Le poirier se plaît dans les terres cultivées, mais il ne craint pas tant que le pommier, celles qui ne le sont pas ; il dure un plus grand nombre d'années : son jus supplée à celui de la pomme : en y mettant de l'eau, il sert de boisson au peuple, comme on l'a expliqué ci-dessus à l'article des petits cidres. Le poiré sans eau est doux et agréable, il se garde deux ans : on prétend qu'il est mal sain, il ne cause cependant aucuns mauvais effets en Normandie, au contraire les nourrices en boivent pour se procurer une abondance de lait. Si on a suffisamment de cidres de pommes, pour son usage et la consommation de sa maison ; on ne fait que du poiré sans eau, on en repile le marc avec de l'eau pour ne rien perdre ; c'est la boisson des Domestiques et Journaliers. Les poirés sans eaux se vendent bien dans les pays vignobles, lorsqu'on n'en est pas éloigné, parce que cette liqueur ressemble au vin ; les vinaigriers les achetent pour en faire des vinaigres qu'ils colorent avec la graine de sureau, et les font passer pour du vinaigre de vin ; c'est un des gros commerces de la ville de Dreux. Quand on n'a pas ces débouchers pour le poiré, on le fait brûler comme les cidres de pommes, pour en tirer des eaux-de-vie, qui sont d'un très-grand usage en Normandie. L'eau-de-vie de poiré est plus lympide et plus vive que celle de pomme.

Il y a beaucoup de choix dans les greffes des poiriers ; car il y a des especes de poires à cidre bien superieures en qualité ; les meilleures sont :

> L'Ecuyer.
> Le Jacob.
> Le Rouillard.
> Le Gros-mesnil.
> Le Rouge-vigny.
> Le Blin.
> Le Bois-prieur.
> Le Huchet-gris.
> Le Huchet-blanc.
> Le Verd.

Et plusieurs autres qu'il seroit inutile d'indiquer.

Ceux qui voudront se procurer des greffes de pommes et de poires, pourront s'adresser, en affranchissant leurs lettres, à Monsieur le marquis de Chambray, en son château de Chambray, près Tillieres, route de Bretagne : il a des meilleures especes en tout genre, et se fait un plaisir d'être utile au progrès de l'Agriculture.

FIN

## *APPROBATION*

J'ai lû par ordre de Monseigneur le Vice-Chancelier, *l'Art de cultiver les Pommiers et Poiriers, et de faire des cidres ;* et je n'y ai rien trouvé qui doive en empêcher l'impression. A Paris ce 12 juin 1765.

AMEILHON.

www.ingramcontent.com/pod-product-compliance
Lightning Source LLC
Chambersburg PA
CBHW060705050426
42451CB00010B/1279